Kuratorium Deutsche Altershilfe

Die Entwicklung von Farbkonzepten und die Möglichkeiten einer angemessenen farblichen Gestaltung in Heimen der Altenhilfe werden bisher noch viel zu wenig beachtet. Das KDA dankt dem Bundesministerium für Arbeit und Sozialordnung, das die Entwicklungsarbeiten für das vorliegende Werk im Rahmen des „Modellprogramms zur Verbesserung der Situation der Pflegebedürftigen" gefördert hat.

Farbe ins Heim

Farbvorschläge des Kuratoriums Deutsche Altershilfe

Zum Bild auf dieser Seite
Abgesetzt vom umgebenden Grün der Bepflanzung kommen auf dem Background von Weiß, lediglich begleitet von einem kräftigen Akzent Rot, auch außen die Materialien Holz, Glas und Metall in den ihnen eigenen Farbqualitäten besonders zur Geltung.

Zum Bild auf Seite 1
Eine Nord-Süd-Achse mit wechselnden Farbflächen verläuft – von oben natürlich belichtet – längs durch den gesamten Baukörper: Weinrot, Zitronengelb und Minztöne treffen sich an der Schnittstelle verschiedener Gebäudeteile, Ebenen und Materialien. Dort wird der insgesamt hellen und offenen Architektur noch ein Extra an Leuchtkraft und Frische hinzugefügt.

Zum Bild auf den Seiten 2/3
Einladend präsentiert sich der Haupteingang auf der Westseite des Gebäudekomplexes. Die Verglasung der Eingangsfront vermittelt zwischen dem Mattblau des sanierten Altbaukörpers und dem warmen Weiß-Rot-Muster der Neubaufassade mit seinen Wintergärten.

Seite 1
Projekt: Altenwohnhaus St. Anna in Dinklage
Bauherr: St.-Anna-Stiftung Dinklage
Architekten: Gruppe MDK, Köln
Molestina, Kraus, Höyng, Nettels
Projekt-Team: Pablo Molestina, Michael Kraus,
Martina Wziontek
Foto: © Christian Richters, Münster, 1997

Seiten 2/3
Projekt: Seniorenzentrum in Beilngries
Bauherr: Lazarettstiftung der Stadt Beilngries in Oberbayern
Architekten: Nickl & Partner, München
Hans Nickl, Christine Nickl-Weller,
Wolfgang Jandl (Projektarchitekt)
Foto: © Dieter Leistner/Architekton, Mainz, 1996

Seiten 4/5
Projekt: Altenpflegeheim St. Franziskus in Löningen
Bauherr: Stiftung St. Franziskus in Löningen
Architekten: Gruppe MDK, Köln
Molestina, Kraus, Höyng, Nettels
Projekt-Team: Pablo Molestina, Michael Kraus,
Martina Wziontek, Holger Weber
Foto: © Christian Richters, Münster, 1996

Inhaltsverzeichnis

Vorwort	11
Farbpräsenz und Wohlbefinden	17
Ausgewählte Farben	23
Codierung der 24 Farben	24
Farbkombinationen für einzelne Raumbereiche	28
Zur Psychologie des Farberlebens	35
Impressum	48
Herausnehmbarer Farbfächer	Umschlagseite 3

Zu den Bildern auf Seite 6 bis 9
Das annähernd quadratische Gebäude wurde um einen 14 x 14 x 14 Meter großen, begrünten Lichthof mit gläserner Decke geplant, die aufgrund von beweglichen, horizontalen Sonnenschutzprismen nur diffuses Tageslicht durchläßt. Jede Wohneinheit hat ein Erkerfenster kombiniert mit Eingangstür zum umlaufenden Laubengang, von dem aus sich das Geschehen in der öffentlich zugänglichen Halle verfolgen läßt. Natursteinund Parkettfußböden, Holzhandläufe, viel Weiß an Decke und Wand sowie die je nach Etage blau, grün, gelb bzw. rot lackierten Türen als auffällige Farbakzente schaffen ein modernes lichtes und klares Gesamtkolorit.

Projekt: Alten- und Servicezentrum in Eching
Bauherr: Gemeinde Eching
Betreiber: Verein „Älter werden in Eching"
Architekt: Klaus Michael Wabnitz, München
Projekt-Team: Gisela Birkmann, Claudia Hezel,
Christiane Müller, Walter Zierhut
Lichttechnik: Christian Bartenbach, Innsbruck
Fotos: © Franz Wimmer/Archiv Wabnitz,
München, 1996

Klare Formen und warme Farbtöne geben dem privaten Wohn-/Pflegezimmer mit seinem raumhohen Glaserker und einer Schlafnische wohnliches Gepräge. Jeweils acht bis zehn Appartements, alle ausgestattet mit vorgelagertem separatem Badezimmer, sind innerhalb des Gebäudes zu Wohngruppen mit eigener kleiner Küche zusammengefaßt. Dies wirkt Vereinzelungstendenzen entgegen.

Projekt: Altenpflegeheim St. Elisabeth in Offenbach
Bauherr: Caritasverband Offenbach e. V.
Architekt: Hans Waechter, Mühltal-Trautheim
Projekt-Team: Klaus Witzel, Wolfgang Schnitzer, Andrea Grebe, Susanne Hutzler, Heiko Stöver, Herbert Rohde (Bauleitung)
Foto: © Renate Gruber, Darmstadt, 1996

Vorwort

Farbe ins Heim – so lautet der programmatische Titel dieses Buches, das wegen der starken Nachfrage nun erneut – mit nur geringfügigen Veränderungen – aufgelegt werden mußte. Farbe gehört gerade auch in die Lebenswelt Altenheim, worauf das Kuratorium Deutsche Altershilfe schon 1982 in seiner „Anregung zur farblichen Gestaltung von Wohn- und Pflegeheimen für ältere Menschen" aufmerksam gemacht hatte. Das hier vorliegende modernisierte Farbgebungsbuch soll – neben seiner praktisch-handwerklichen Funktion – Verantwortliche dazu animieren, bei Neubauvorhaben wie bei Sanierungs- und Renovierungsarbeiten überzeugt und überzeugend Farbe(n) in Heime und vergleichbare Einrichtungen zu bringen. In diesem Zusammenhang werden einige Projekte vorgestellt, die von unterschiedlichen Ausgangslagen aus die vielfältigen Möglichkeiten einer lebendigen und anregenden Gestaltung mit Farbe für ihre Architektur genutzt haben. Die Aussagen der abgebildeten Fotos beschränken sich streng themengebunden auf das Zusammenspiel von Farbe und Architektur. Wohnliche Atmosphäre mit den gerade auch für ältere Menschen so lebenswichtigen individuellen Bekundungen und Spuren war demnach zum Zeitpunkt der Aufnahmen (meist bei oder kurz nach Baufertigstellung) noch nicht darstellbar.

Gegenüber den individuellen ästhetisch geprägten oder experimentellen Ansätzen der Farbgestaltung, die heute so viele Menschen faszinieren, ist der hier vom

Projekt: Nikolaus-Stift in Wesel · Bauherr: Marien-Hospital gGmbH, Wesel
Architekten: HPP Hentrich – Petschnigg & Partner, Stuttgart
Verantwortlicher Partner: Wolfgang Vögele
Projekt-Team: Hans-Peter Bonasera (Projektleitung), Paul von Onna† (Bauleitung),
Kai von Scholley, Stefanie Sanner, Christian Rothenhöfer, Stefan Ott, Eva Noller
Foto: © Manfred Hanisch, Mettmann, 1996
Weitere Informationen auf Seite 32

Kuratorium Deutsche Altershilfe vorgelegte Farbgestaltungsvorschlag für „Heim"-Architektur durch *farbpsychologische* Zusammenhänge begründet. Das nach dem Natural Color System® codierte 24er Farb-Ensemble des KDA beschreibt ein relativ eng umgrenztes, aber sicheres Terrain für Farbkompositionen in Heimbauten. Den Besonderheiten des Farberlebens älterer Menschen tragen die 24 vom KDA ausgewählten Farben inklusive ihrer zahlreichen Kombinationsmöglichkeiten nuanciert und zeitgemäß Rechnung: Alte Menschen erleben diese Farbtöne in den charakteristischen Helligkeitswerten und Stärkegraden als *ihre* Farben.

Und für den Gestalter bleibt innerhalb der zwei Dutzend Farben – besonders in der notwendigen Zusammenschau mit den verwendeten Baumaterialien, der Lichtführung, den klimatischen, ökologischen und kulturellen Standortbedingungen – genügend Platz für eigene Inspiration. Der kreative Spielraum wird dadurch noch erheblich erweitert, daß der Sicherheitsbereich der 24er Kollektion mit anderen ästhetischen Konzepten verknüpfbar ist sowie mit übergeordneten Gestaltungsprinzipien und der architektonischen Grundidee des jeweiligen Bauprojektes. Nur so erzeugt Farbe ohne Uniformitätsdruck einen gelungenen Zusammenklang mit den architektonischen Bestandteilen Boden, Wand und Decke sowie Möbeln und Einrichtungsgegenständen.

Hans-Peter Winter

*Projekt: Neue Erweiterung des Dorfes (Süd-West-Teil)
des Theodor Fliedner Werkes in Mülheim-Selbek
Bauherr: Stiftung Theodor Fliedner Werk in Mülheim an der Ruhr
Architekten: Eckhard Feddersen, Wolfgang von Herder & Partner, Berlin
Projekt-Team: Robert Trautmann, Bernhard Brosch, Kirsten Uhlig, Horst Krüger
Foto: © Tomas Riehle/Contur, Köln, 1993*

Durch versetzte Anordnung verschiedener Baukörper entstand eine geschlossene Hofanlage, die von Brechungen und Verschränkungen lebt, nicht zuletzt aber auch von den Durchsichten auf Naturgrün und den deutlichen Farbgebungen.

Blau lasierte Decken im Erdgeschoß, korallenrote im ersten sowie gelbe im zweiten Obergeschoß geben der attraktiven Eingangshalle mit runden Galerien, großem Oberlicht und sich anschließendem Treppenhaus ihre exquisite farbliche Grundstruktur.

Projekt: Seniorenzentrum in Beilngries
Bauherr: Lazarettstiftung der Stadt Beilngries in Oberbayern
Architekten: Nickl & Partner, München · Hans Nickl, Christine Nickl-Weller, Wolfgang Jandl (Projektarchitekt)
Foto: © Dieter Leistner/Architekton, Mainz, 1996

Farbpräsenz und Wohlbefinden

Es ist längst kein Geheimnis mehr: Farben haben Einfluß auf den menschlichen Organismus. Zudem rufen bestimmte Farben bestimmte Gefühle hervor. Durch Farben lassen sich Stimmungen zum Ausdruck bringen, kanalisieren, verstärken. Farben können seelische Verfassungen verändern oder gar erst erzeugen. Werbestrategen lassen sich von farbpsychologischen Überlegungen leiten, um Produkte mit verkaufsfördernden Gefühlsfärbungen zu verbinden. Ebenso nutzen Architekten und Planer von Fabrikhallen, Krankenhäusern, Verwaltungsgebäuden etc. Methoden der Farbplanung und -gestaltung.

Auch die Verantwortlichen für Altenhilfeprojekte setzen bei ihren Planungs- und Bauvorhaben – oft angeregt durch das Kuratorium Deutsche Altershilfe – vermehrt auf die positiven Effekte einer methodischen Farbgebung. Sie wissen, daß durch den Einsatz eines speziell auf ältere Menschen abgestimmten Farbgestaltungssystems positive Raumqualitäten wie Behaglichkeit, Frische etc. bis hin zu Orientierungsansätzen aufgebaut werden können. Vom KDA in Auftrag gegebene aufwendige farbpsychologische Untersuchungen haben erstmals die Besonderheiten des Farberlebens älterer Menschen nachgewiesen. Abgesicherte Aussagen darüber, welche Farben und welche farblichen Kombinationen von älteren Menschen geschätzt oder abgelehnt werden, liegen vor: Ausgehend von einer Farbcodierung, die das Farbsystem mit Hilfe der Dimensionen *Farbton*, *Helligkeit* sowie *Farbstärke* beschreibt, zeigte sich, daß die *Farbstärke* den größten Einfluß auf die Gefühle ausübt: Je farbstärker – sprich gesättigter – eine Farbe ist, um so attraktivere und belebendere Wirkung kann sie entfalten.

Der *Farbton* selbst – also die Position der Farbe im sichtbaren Farbspektrum bzw. im Farbenkreis oder in anderen Ordnungszusammenhängen – hat bezogen auf die emotionale Wirkung nicht das ihm allgemein zugemessene Gewicht. So verschiedene Farbtöne wie Rot und Grün wirken bei gleicher *Farbstärke* auch gleichermaßen stimulierend. Rot erscheint jedoch überwiegend – verglichen mit Grün – auf deutlich höherem Sättigungsniveau. Wenn die *Farbstärke* in einschlägigen Untersuchungen jedoch nicht als gesonderte Kategorie berücksichtigt wird, scheint der Rotton irrtümlich, weil meist hochgesättigt, erregender als das zumeist ungesättigter auftretende Grün.

Die *Helligkeit* einer Farbe beeinflußt vordringlich das Empfinden hinsichtlich Nachdrücklichkeit oder auch Mächtigkeit: Je heller eine Farbe auftritt, um so milder und zurückgenommener mutet sie an. Wenn dunkle Farben hingegen Schritt für Schritt aufgehellt werden, reduziert sich anfänglich ihr wohltuender Effekt, stellt sich dann aber ab mittlerer Helligkeit wieder schrittweise ein.

Farben in den Sektoren Violett und Gelb-Grün erwiesen sich als kritische Farbbereiche, die ältere Menschen eher beunruhigen, also unangenehme Impressionen auslösen können. Farben im Segment Blau hingegen stimulieren eher in Richtung Annehmlichkeit und Ruhe.

Daß sich das Farberleben älterer tatsächlich von dem jüngerer Menschen unterscheidet, kann nach den farbpsychologischen Untersuchungen als sicher gelten: Zwar erfahren auch die Älteren – wie die Jungen – intensivere *Farbstärke* stimmungsmäßig als größere Belebung bis hin zu Erregung sowie zunehmende *Helligkeit* als schwindenden Nachdruck. Doch im Gegensatz zu jüngeren favorisieren alte Menschen auffällig hellere Farben, warme Pastelltöne, dezente Farben also, die in Richtung freundliche Ruhe und Sanftheit tendieren.

Auf der Basis dieser Erkenntnisse wählte das Kuratorium Deutsche Altershilfe 24 Farbtöne aus dem Gesamt der Farben, die ältere Menschen bevorzugen. Die KDA-Farbenkollektion wurde – auch aus ökologischen Gründen, denn NCS verwendet blei- und cadmiumfreie Farbpigmente – mit Hilfe des Farbcodierungssystems Natural Colour System® NCS Edition 2 identifiziert und für diese Veröffentlichung nach NCS-Angaben drucktechnisch umgesetzt. Dies führt aufgrund der größeren Toleranzbreiten für gedruckte Farben zwangsläufig zu Farbabweichungen, die der Anwender (etwa durch Probeanstriche) mit zu berücksichtigen hat.

Zudem wurden die Untersuchungsergebnisse in ein heimspezifisches Gestaltungsprogramm umgesetzt: Ein praktisch handhabbares Kompendium mit den 24 Präferenzfarben (siehe beigefügter Farbfächer) sowie mit darauf aufbauenden passenden Farbkombinationen für insgesamt 33 Raumbereiche in Alten(pflege)heimen – nebst Gebrauchshinweisen und einer Einführung in die Psychologie des Farberlebens – liegt für den Nutzerkreis Träger, Architekten, Heimleiter, Personal, Heimbeiräte und Bewohner in Neuauflage hiermit wieder vor.

Der Einsatz der 24 speziell auf das Empfinden älterer Menschen abgestimmten Farben in der gebauten Wirklichkeit seit nunmehr über zwei Jahrzehnten belegt, daß den empfohlenen Farben für eine gelungene Gestaltung von stationären Altenhilfeeinrichtungen – bei nur geringem zusätzlichem Kostenaufwand – ein hoher praktischer Stellenwert zukommt: Mißstimmungen bei Altenheimbewohnern aufgrund von falscher Farbwahl können vermieden, Wohlbefinden durch differenzierte Farbkompositionen erzeugt beziehungsweise gesteigert werden. Anspruchsvolle architektonische und organisatorische Konzeptionen produzieren im Verbund mit dieser relativ einfach umsetzbaren Farbplanung für ältere Menschen ein Mehr an

- stimulierender, erlebnisreicher Umwelt,
- Vertrautheit, Geborgenheit, Sicherheit,
- Überschaubarkeit und Orientierungsmöglichkeit,
- räumlicher Stabilität.

Der hier vorgelegte Farbplanungsansatz mit seinen 24 Farben als Kern schafft eine gute Voraussetzung dafür, daß bei Neubauten sowie bei Gebäudesanierungen oder -renovierungen das eintönige Grau aus den Heimen verschwindet. Ältere Menschen reagieren erfahrungsgemäß durchweg positiv auf diese „ihre" Farben. Auch künftig wird so die Verwendung des vom Kuratorium Deutsche Altershilfe erstellten Farbgebungssystems zur attraktiven Milieugestaltung in den Heimen beitragen.

Farbe ins Heim – ob nun allein mit dem Kompaß des KDA-Farbsystems oder aber im Kontext mit anderen ästhetischen Konzepten – bedeutet ein Stück mehr Wohn- und damit auch Lebensqualität für pflegebedürftige Menschen in Heimen, ebenso aber für das Personal und die Besucher der Einrichtungen. Ganz abgesehen einmal von der ansprechenden „Visitenkarte", die den Einrichtungen mit einer derart einnehmenden Farbgestaltung praktisch frei Haus geliefert wird.

Projekt: Altenpflegeheim Malteserstift St. Monika in Kamenz
Bauherr: Landratsamt Kamenz
Betreiberin und ab 1996 Eigentümerin: Malteser Betriebsträger-
gesellschaft Sachsen gGmbH, Räckelwitz
Architekt: Heinrich Job, Braunschweig · Mitarbeiter: Martin Föckeler
Fotos: © Roman Job, fotodesign eyeland studios, München, 1996

Zu den Bildern auf Seite 20 bis 22
Die einheitliche Außenputzfarbe Oxydrot-Ocker mit aufhellenden Weißanteilen sorgt für die „Corporate Identity" des Gebäudes. Das Ozeanblau von Vordach, Balkongeländern und -stützen sowie Metallteilen der Sonnenschutzanlagen erzeugt im Verbund mit dem auf den Fensterrahmen durchgehaltenen Blaßgrün einen modernen Farb-Dreiklang.

Ausgewählte Farben

Der Farbgestaltungsansatz des Kuratoriums Deutsche Altershilfe wagt angesichts der schwer überschaubaren Vielfalt in der Welt und auf dem Markt der Farben den Versuch, zumindest für den Altenheimbereich ein sicheres, aber dennoch stimulatives und nuancenreiches Terrain der Farbgestaltungsmöglichkeiten abzustecken. Eine Farbgestaltung in Heimen darf das Empfinden älterer Menschen nicht unberücksichtigt lassen. Ausgehend von farbpsychologischen Untersuchungen und darauf aufbauenden Testreihen (siehe Seite 35: *„Zur Psychologie des Farberlebens"*) wurden deshalb nach farbplanerischen Kriterien 24 Farben zusammengestellt, die von älteren Menschen präferiert werden, die zudem integrierbar sind in ein praktisch handhabbares flexibles Gestaltungssystem. Die darin enthaltenen Farben bewegen sich – angelegt sowohl auf Harmonie als auch auf Spannung – in den Koordinaten *Farbton* (1 Sandgrau, 2 Weinrot, 3 Terrakotta, 4 Maisgelb, 5 Basilikumgrün, 6 Türkis, 7 Rauchblau, 8 Hyazinth) sowie *Helligkeit* (A gesättigt, B mittelstark, C pastellig). Es ergeben sich also die Farbtonreihen aus

Die einzelnen Farbbezeichnungen lassen sich somit ableiten aus der Position in der jeweiligen Achter-Farbreihe und der senkrecht durch Helligkeitsstufen entstehenden Dreier-Farbgruppe. Zum Beispiel kennzeichnet dann aus der Farbgruppe Basilikumgrün

- A 5: gesättigtes Basilikumgrün
- B 5: mittelstarkes Basilikumgrün
- C 5: pastelliges Basilikumgrün

Die Kennungen des 24er Farbensembles wurden nunmehr in den Farbkörper des Natural Color System® NCS Edition 2 übersetzt und so eindeutig festgelegt. NCS ist ein in sich

Codierung der 24 Farben

Farbname nach KDA	Helligkeit	NCS Edition 2
A 1 **Sandgrau**	gesättigt	S 2005-Y50R
B 1	mittelstark	S 1005-Y50R
C 1	pastellig	S 0502-Y50R
A 2 **Weinrot**	gesättigt	S 2060-R
B 2	mittelstark	S 0520-Y70R
C 2	pastellig	S 0505-Y80R
A 3 **Terrakotta**	gesättigt	S 2060-Y60R
B 3	mittelstark	S 0530-Y40R
C 3	pastellig	S 0510-Y50
A 4 **Maisgelb**	gesättigt	S 0550-Y20R
B 4	mittelstark	S 0530-Y20R
C 4	pastellig	S 0510-Y30R
A 5 **Basilikumgrün**	gesättigt	S 2060-G
B 5	mittelstark	S 1020-G10Y
C 5	pastellig	S 0510-G10Y
A 6 **Türkis**	gesättigt	S 2050-B70G
B 6	mittelstark	S 1020-B90G
C 6	pastellig	S 0510-B90G
A 7 **Rauchblau**	gesättigt	S 2050-R80B
B 7	mittelstark	S 1040-R80B
C 7	pastellig	S 0520-R80B
A 8 **Hyazinth**	gesättigt	S 2050-R70B
B 8	mittelstark	S 1040-R70B
C 8	pastellig	S 0520-R70B

schlüssig aufgebautes Farbordnungs- und Farbcodierungssystem, das auch eine Kommunikation mit anderen handelsüblichen Systemen ermöglicht. Der unverwechselbare NCS-Code gibt exakte Auskunft über das Aussehen des jeweiligen Farbtons, seine Helligkeit und Intensität. Nach diesem Code – beziehungsweise nach der darüber möglichen Transformation in andere firmengebundene Codierungen – können jederzeit Farben nachgebessert oder ergänzt werden. Ein Farbfächer mit den 24 über NCS erstellten Farben liegt diesem Buch bei, eingebettet in den hinteren Einbanddeckel. (Bitte die hierbei drucktechnisch bedingten Farbabweichungen berücksichtigen.)

Gestaltungshinweise

Die 24 Farben sind in Helligkeit und Farbstärke so konzipiert, daß sie untereinander harmonisch und auf entsprechende Materialien wie Klinker, Holz, Tapete, Bodenbeläge und auf Anstrichflächen (Probeeinfärbungen bzw. -anstriche empfohlen) übertragbar sind. Die Farben der Reihe A (gesättigt) sollten möglichst in kleinen Flächen oder konturhaft auftreten, beispielsweise an Türen, Türzargen, Fußleisten, Möbelbezügen, Farbbändern und Wandscheiben. Farben der Reihe B (mittelstark) sind in erster Linie für einzelne Wände oder für Deckenflächen gedacht. Farben der Reihe C (pastellig) bilden den eigentlichen stimulativen Hintergrund für die größeren Flächenanteile.

      Die unten aufgelisteten Vorschläge der einzelnen Farbkombinationen beziehen selbstverständlich die Raumnutzung mit ein: Farbige Decken aus der Reihe B sind besonders zu empfehlen bei Teeküchen und Cafés, weniger jedoch für die Wohnräume im engeren Sinne. Im allgemeinen richten sich die Gestaltungsmaßnahmen immer nach den Ausmaßen der Farbträger. Zutreffend erscheinen Gruppierungen nach Hell-Dunkel-Werten, nach Kontrasten und innerhalb der entsprechenden Farbreihen A, B, C. Je größer die Flächen sind, desto geringer sollte der Farbton in seiner Sättigung sein – so die auch Ausnahmen zulassende Regel.

Materialien und Farbgebung

Materialien wie beispielsweise Holz und Klinker können in Kombination mit dem Farbraster Verwendung finden. Holz ergibt eine gute Kombination mit den Farbgruppen 5, 6, 7 und 8, die so als Wand- oder Deckenflächen positive Wirkung in Fluren, Tagesräumen, Speiseräumen, Eingangshallen und Gymnastikräumen entfalten. Klinker lassen sich mit allen Farben kombinieren. Roter Klinker allerdings harmoniert nicht gut mit den Farbgruppen 2, 3 und 4. Bodenfarben können je nach Material aus den Bereichen der Farbreihen 1, 3, 6, 7 und 8 entnommen werden. Dunkle Böden der Stufe A vermitteln Tritt- und Standfestigkeit, helle Bodenfarben aus Helligkeitsstufung B und C hingegen Leichtigkeit und Beschwingtheit, wobei in Bereichen wie Aufenthalts- und Tagesraum sowie Speisesaal durch Naturholz-Parkett eine zusätzliche positive Optik erreichbar ist.

Zu vermeiden sind – einmal abgesehen von Stufenantritten und dergleichen – stark wechselnde Kontraste zwischen den Bodenfarben einzelner Räume. Denn dabei entständen Unsicherheiten im Trittgefühl. Unangenehme Reflexe sind vermeidbar durch Ausführung der Farben in Seidenmatt. Vorhänge können ihre Farben jeweils aus den Einzelrastern erhalten, ein- oder auch mehrfarbig, wobei dann aber starke Farb- und Helligkeitskontraste sowie unruhige Großmuster vermieden werden sollten.

Signalfarben und Leitsysteme

Die Farbwahl für die Mittel der visuellen Kommunikation ist abhängig von den geplanten beziehungsweise realisierten Farbkombinationen der Gebäude. Im allgemeinen gilt:

Erstens: Schriften, Symbole sowie deren Untergründe müssen selbstverständlich gut erkennbar sein, dürfen aber durch zu starke Kontraste nicht belastend wirken. Erreichbar ist dies durch die Bildung eines Komplementärkontrastes bestehend aus den Farben des Kommunikationsmittels und der gebauten Umgebung. Von Schwarz-Weiß-

Beschriftung ist abzuraten, unter anderem wegen ihrer assoziativen Nähe zu amtlichen Schreiben oder zu Trauerkarten.

Zweitens: Die Farbkombinationen aus der KDA-Kollektion sollen – entgegen der noch häufig anzutreffenden Auffassung – keinesfalls als Leitsystem Verwendung finden, etwa durch Schaffung von Orientierungsmustern wie „der rote Flur", „der blaue Flur" oder ähnliches. Die Farben von Leitsystem und Hinweisfarben sind also separat zu sehen vom Farbgestaltungssystem der 24 vorgeschlagenen Farben.

Farbraster für die einzelnen Raumbereiche

Um den einzelnen Raumnutzungen entsprechende Farbinterpretationen zu geben und gleichzeitig ein harmonisches Gesamtbild zu erreichen, sind aus dem Gesamtraster der 24 Farben Einzelraumraster entwickelt worden. In der folgenden Tabelle sind sie den *Raumbereichen* in der Spalte *Farbgestaltung* zugeordnet und dort bezogen auf die Merkmale Decke, Wände, Einzelwand, Farbbänder, Fliesenbänder, Möbelbezug. Mehrfachnennungen – wie beispielsweise bei *Einzelwand* B1, B2, B3, B4 unter Punkt *Ein- und Zweibettzimmer Farbtyp 1* – deuten eine Wahlmöglichkeit für die Farbgebung innerhalb des genannten Spektrums an. Die Hauptgestaltungshinweise sind ebenso als Anregung gedacht wie die Ergänzungsfarbraster der Spalte *Ergänzungsfarben*. Diese sekundären Einzelraster entsprechen jeweils den einzelnen Raumbereichen und Einzelraumrastern und gelten beispielsweise für Türen, Vorhänge, Stoffe und weitere Accessoires. Die in der folgenden Tabelle ausgewiesenen Farben – allesamt dem 24er Farbpool entnommen – sind nicht nur für Anstriche, sondern auch für Farbträger wie Möbelbezugsstoff, Holz, Bodenbeläge, Vorhänge konzipiert und sind somit auf diese Materialien zu übertragen. Die Anregungen können kein komplettes Arbeitsbuch für eine projektbezogene, ganzheitliche Farbgestaltung ersetzen. Sie gelten als Orientierungslinie im Sinne der farbpsychologischen Forschungsergebnisse. Sie sollen ein individuelles Gestalten in Gang bringen, nicht ersetzen.

Farbkombinationen für einzelne Raumbereiche

A1 bis A8[1]

| A1 | A2 | A3 | A4 | A5 | A6 | A7 | A8 |

B1 bis B8[1]

| B1 | B2 | B3 | B4 |

Raumbereiche	Farbgestaltung		Ergänzungsfarben[2]
Ein- und Zweibettzimmer *Farbtyp 1*	Decke Wände Einzelwand Möbelbezug	C1 C1 B1 B2 B3 B4 A3 A8	A3 A8 B1 B2 B3 B4 C1
Ein- und Zweibettzimmer *Farbtyp 2*	Decke Wände Möbelbezug	C1 C2 C3 C4 A3 A8	A3 A8 C1 C2 C3 C4
Ein- und Zweibettzimmer *Farbtyp 3*	Decke Wände Einzelwand Möbelbezug	C1 C2 C6 C7 C8 A6 A8	A6 A8 C1 C2 C6 C7 C8
Ein- und Zweibettzimmer *Farbtyp 4*	Decke Wände Möbelbezug	B1 C4 C8 C1 B1 C4 A8	A8 B1 C1 C4 C8
Sanitätsbereich, Stationsbad	Decke Wände/Fliesen Fliesenband	C2 C3 C4 B2 C2 C3 C4 B2 B3 B8	B2 B3 B8 C2 C3 C4
Schwesterndienstzimmer	Decke Wände Fliesenband/Einzelwand Möbelbezug	A4 B4 C1 B4 C1 C4 A3 A4 A3 A8	A3 A4 A8 B4 C1 C4
Pflegearbeitsraum	Decke Wände Fliesenband	C1 B6 B7 C1 C6 C7 A6 A7 B6 B7	A6 A7 B6 B7 C1 C6 C7
Personalaufenthalt	Decke Wände Fliesenband/Einzelwand Möbelbezug	A4 B3 B4 C1 B3 B4 C1 C4 A3 A4 A8 A3 A8	A3 A4 A8 B3 B4 C1 C4
Aufenthaltsbereiche auf den Stationen	Decke Wände Einzelwand Möbelbezug	B3 B8 C1 C1 C4 C8 A1 B2 B3 B8 A3 A8	A1 A3 A8 B2 B3 B8 C1 C4 C8
Flure *Farbtyp A*	Decke Wände	C1 B1 C2 C3 C4	B1 C1 C2 C3 C4
Flure *Farbtyp B*	Decke Wände	C1 C6 C7 C8	C1 C6 C7 C8
Flure *Farbtyp C*	Decke Wände Farbband/Einzelwand	C1 B1 C1 C3 C4 A1 B3 B4	A1 B1 B3 B4 C1 C3 C4
Flure *Farbtyp D*	Decke Wände Farbband/Einzelwand	C1 C1 C3 C4 A6 A8 B8	A6 A8 B8 C1 C3 C4
Treppenhaus	Decke Wände Farbband	C1 B3 B4 C1 A3 A4 A6 A8	A3 A4 A6 A8 B3 B4 C1
Speiseausgabe, Speiseraum	Decke Wände Möbelbezug	A1 B1 C1 B1 C1 C2 C3 A2 A8	A1 A2 A8 B1 C1 C2 C3
Friseur, Fußpflege	Decke Wände Möbelbezug	B2 B3 C1 B2 C1 C3 A2 A8	A2 A8 B2 B3 C1 C3
Cafeteria	Decke Wände Möbelbezug	C1 B3 C3 A2 A8	A2 A8 B3 C1 C3

C1 bis C8[1]

| | B5 | B6 | B7 | B8 | C1 | C2 | C3 | C4 | C5 | C6 | C7 | C8 |

Raumbereiche	Farbgestaltung		Ergänzungsfarben[2]
Aufenthalts-, Clubraum, Bibliothek, Lesezimmer *Farbtyp A*	Decke Wände Einzelwand Möbelbezug	C1 B7 B8 B7 B8 C1 B7 B8 A8	A8 B7 B8 C1 C8
Aufenthalts-, Clubraum, Bibliothek, Lesezimmer *Farbtyp B*	Decke Wände Möbelbezug	C1 B6 A6	A6 B6 C1
Aufenthalts-, Clubraum, Bibliothek, Lesezimmer *Farbtyp C*	Decke Wände Möbelbezug	A1 B1 C1 A1 B1 C1 A2	A1 A2 B1 C1
Arzt- und Behandlungszimmer	Decke Wände Möbelbezug	C1 C3 C4 C5 C8 A5 A8	A5 A8 C1 C3 C4 C5 C8
Empfangsbereich	Decke Wände Einzelwand Möbelbezug	A1 A7 A8 B1 B7 B8 C1 C1 C7 C8 A1 A7 A8 B7 B8 A2 A7 A8	A1 A2 A7 A8 B1 B7 B8 C1 C7 C8
Bäderabteilung	Decke Wände Einzelwand/Fliesenband	B3 B4 C1 C1 C2 C4 A4 A8 B3 B4 B8	A4 A8 B3 B4 B8 C1 C2 C4
Umkleidekabinen	Decke Wände	C1 C4 C5 C7	B5 C1 C4 C5 C7
Ruheraum	Decke Wände	C1 C5 C7 C5 C7	C1 C5 C7
Warteraum	Decke Wände	C1 C3 C4 C8	C1 C3 C4 C8
Arbeitstherapieraum	Decke Wände Farbband Möbelbezug	C1 C1 C2 C3 C4 A4 A5 A8 B3 B8 A5 A8	A4 A5 A8 B3 B8 C1 C2 C3 C4
Gymnastikraum	Decke Wände Farbband	C1 B4 C2 C3 C4 A3 A4 A5	A3 A4 A5 B4 C1 C2 C3 C4
Büro, Verwaltung	Decke Wände Möbelbezug	C1 B4 C4 A3 A5 A7	A3 A5 A7 B4 C1 C4
Vortragssaal	Decke Wände Fliesenband	A1 C1 B1 C1 C3 A3 A7	A1 A3 A7 B1 C1 C3
Küche	Decke Wände Farbband/Fliesenband	C1 C1 C6 C7 B6 B7	B6 B7 C1 C6 C7
Wäscherei	Decke Wände	C1 C4 C6 C7	C1 C4 C6 C7
Betriebstechnik	Decke Wände Metall/Türen	C1 C1 A5 A7	A5 A7 C1

Mehrfachnennungen sind Alternativen · 1 bis 8 stehen für Farbtöne · A, B, C für Helligkeitsgrade.

[1] Für Anstriche, aber auch für Farbträger wie Möbelbezugsstoff, Holz, Bodenbeläge, Vorhänge etc. konzipiert.

[2] Die Ergänzungsfarben gelten beispielsweise für Türen, Vorhänge, Stoffe und weitere Accessoires.

Die beiden verschiedenen auf diesen Seiten schematisch realisierten Farbgestaltungen wurden aus der voranstehenden Tabelle „*Farbkombinationen für einzelne Raumbereiche*" abgeleitet und zwecks Veranschaulichung auf die Architekturzeichnung eines Wohn-/Pflegezimmers übertragen. Grundsätzlich sind die 24 ausgewählten Farben nicht nur für Anstriche und Bodenbeläge, sondern auch für Möbelbezugsstoffe, Holz, Vorhänge und andere Einrichtungsgegenstände konzipiert.

Projekt: Nikolaus-Stift in Wesel
Bauherr: Marien-Hospital gGmbH, Wesel
Architekten: HPP Hentrich – Petschnigg & Partner, Stuttgart
Verantwortlicher Partner: Wolfgang Vögele
Projekt-Team: Hans-Peter Bonasera (Projektleitung), Paul von Onna † (Bauleitung),
Kai von Scholley, Stefanie Sanner, Christian Rothenhöfer, Stefan Ott, Eva Noller
Fotos: © Manfred Hanisch, Mettmann, 1996

Auf Basis der Grundfarben Rot, Blau und Gelb entstand bei gleichzeitiger Betonung der Wandflächen unter Verwendung von viel Glas und Holz eine harmonische Farbgebung. Die farbliche Anspielung auf die niederländische Avantgarde ist durchaus gewollt, liegt doch die Heimat von De Stijl gerade mal eine halbe Autostunde vom niederrheinischen Wesel entfernt. Siehe auch Seiten 12 und 34.

Foto: © Manfred Hanisch · Architekten: HPP

Zur Psychologie des Farberlebens

von Prof. Dr. Diether Höger

Fragestellung

Farben sind eine allgegenwärtige Gegebenheit unserer Umwelt. Zudem stellen sie ein wesentliches Gestaltungsmittel für unsere Wohn- und Arbeitswelt dar. Farben haben eine enge Beziehung zu Gefühlen. Sie beeinflussen das menschliche Erleben entscheidend mit. Jeder, der Farben wahrzunehmen vermag, kann das intuitiv feststellen. Farben bestimmen auch den Gefühlseindruck von Räumen, in denen wir leben und arbeiten. Eine genaue Kenntnis der Zusammenhänge zwischen Farben und deren Gefühlswirkung kann es ermöglichen, durch entsprechende Farbgebung günstige Voraussetzungen für das Wohlbefinden von Menschen in Räumen zu schaffen beziehungsweise ungünstige Wirkungen zu vermeiden.

Wissenschaftliche Untersuchungen und Messungen haben den Zusammenhang von Farben und Gefühlen bestätigt: Beispielsweise läßt Rot, anders als Blau und Grün, den Blutdruck ansteigen, das Herz schneller schlagen, den Atem rascher werden und die Zeit scheinbar schneller vergehen. Rote Gegenstände erscheinen gegenüber blauen oder grünen größer, schwerer und näher.

Systematisch durchgeführte Untersuchungen über die Beziehung zwischen Farben und Gefühlen müssen, abgesehen von den üblichen Standards wissenschaftlichen Experimentierens, zumindest drei Forderungen genügen, sofern gültige Regelhaftigkeiten aufgedeckt werden sollen:

- Sie müssen eine möglichst große Zahl unterschiedlicher Farbnuancen erfassen (damit verallgemeinernde Aussagen hinreichend begründbar sind),
- die untersuchten Farbnuancen müssen präzise beschrieben werden (damit die Ergebnisse jederzeit überprüfbar und zwischen verschiedenen Forschern vergleichbar sind),
- die Gefühlserlebnisse müssen ausreichend differenziert erfaßt werden, das heißt nach mehreren grundlegenden Aspekten (Dimensionen) sowie in möglichst feinen Intensitätsabstufungen (damit bestehende Zusammenhänge zwischen Farben und Gefühlen detailliert und möglichst präzise darstellbar sind).

Eine Reihe von entsprechenden Untersuchungen war von einem Psychologenteam unter wissenschaftlicher Leitung von Diether Höger am Psychologischen Institut der Universität Freiburg im Breisgau durchgeführt worden.

Methode

Zur Farbbeschreibung diente hier das international gebräuchliche Munsell-Farbsystem, das bei jeder Farbe drei Komponenten im Sinne von Farbwahrnehmungsmerkmalen angibt:

- den Farbton *hue*, der nach dem Farbenkreis der Grundfarben Rot, Gelb, Grün, Blau und Violett sowie die Zwischenfarben (Gelb-Rot, Grün-Gelb usw.) unterscheidet, gleich grossen Segmenten zuordnet und diese noch in jeweils zehn Stufen unterteilt,
- die Helligkeit *value* und
- die Farbstärke *chroma*, weitgehend gleichbedeutend mit der Sättigung der Farbe.

Für die Gefühlsbeschreibung wurde das *Semantische Differential* von S. Ertel benutzt, welches die Vielzahl möglicher Gefühlserlebnisse zu drei Grundkomponenten beziehungsweise -dimensionen zusammenfaßt und somit vergleichbar macht:

- *Erregung* – das heißt das Ausmaß, in dem ein Gefühl mit Aktivierung, Spannung, Unruhe bzw. im Gegensatz dazu mit Beruhigung, Entspannung verbunden ist,
- *Valenz* – den Grad der Annehmlichkeit, Anziehung bzw. Unannehmlichkeit, Abstoßung, den das Gefühl vermittelt,
- *Potenz* – die Kraft, Überlegenheit, Mächtigkeit bzw. Schwäche, Unterlegenheit, Machtlosigkeit, die in dem jeweiligen Gefühl enthalten sind.

Die Untersuchungen haben eindeutig gezeigt, daß unterschiedliche Farben mit deutlich verschiedenartigen Gefühlserlebnissen verbunden sind. Außerdem stehen die ermittelten Gefühlswirkungen in deutlichem (wenn auch nicht immer linearem) Zusammenhang mit den Farbwahrnehmungsmerkmalen *Farbton*, *Helligkeit* und *Farbstärke*. Um die Ergebnisse jedoch auf die Wohnwelt älterer Menschen übertragen zu können, bleiben vor allem noch zwei Fragen zu klären:

Erstens: Inwieweit gelten die an kleinen Farbplättchen gewonnenen Gefühlswerte auch für große Farbflächen? Und zweitens: Inwieweit sind die erzielten Ergebnisse für ältere Menschen gültig?

Der Beantwortung dieser Fragen diente eine weitere Untersuchung, deren Ergebnisse im folgenden skizziert werden. Hierbei wurden (ansonsten analog dem ursprünglichen Verfahren) nach *Größe* der Farbflächen sowie nach *Farbton*, *Helligkeit* und *Farbstärke* systematisch variierte Farben einer Stichprobe von N = 50 alten Menschen zur Beurteilung der Gefühlswirkung vorgelegt. Die Mitglieder dieser Stichprobe waren zwischen 65 und 85 Jahre alt und wurden nach Alter, Schulbildung, Geschlecht und Wohnsituation (Wohnung, Heim) gleichmäßig aufgeteilt. Neben den Farbreaktionen wurde zu Kontrollzwecken eine Anzahl von Persönlichkeitsdaten mittels Tests und Fragebögen zusätzlich in die Untersuchung mit einbezogen. Die Untersuchungssituation selbst wurde hinsichtlich der Räumlichkeiten, Beleuchtungsverhältnisse, Anordnung des Farbmaterials etc. sorgfältig kontrolliert. Ferner wurde zu Vergleichszwecken eine Kontrollgruppe von N = 50 Studierenden mit der gleichen Verfahrensweise getestet.

Ergebnisse

Zunächst zeigte sich, daß der *Größe* der Farbflächen – von einigen Ausnahmen abgesehen – keine wesentliche Rolle für die Gefühlswirkung der Farben zukommt. Der wohl größte Effekt auf die Gefühlswirkung einer bestimmten Farbe geht von deren *Farbstärke* aus: Je farbstärker, um so angenehmer und erregender wirkt sie. Im oberen Farbstärkenbereich wirken Farben um so mächtiger, je farbstärker sie sind. Die *Helligkeit* einer Farbe bestimmt vor allem deren Mächtigkeitseindruck: Je heller, um so zarter und schwächer wirkt sie. Bei dunklen Farben nimmt die angenehme Wirkung mit zunehmender Aufhellung zunächst rasch ab, um dann, von einem mittleren Helligkeitsgrad an, wieder zuzunehmen. Der *Farbton* als solcher spielt bei der Gefühlswirkung eine geringere Rolle, als gemeinhin angenommen wird. Beispielsweise sind Rot und Grün bei gleicher *Farbstärke* auch gleich erregend. Allerdings liegt Rot gewöhnlich in wesentlich höheren *Farbstärkegraden* vor als Grün, so daß in vielen Experimenten, in denen die *Farbstärke* nicht eigens kontrolliert wurde, Rot als erregender erschien. Als besonders erregend, aber gleichzeitig unangenehm wirkend, stellten sich Farben im Bereich Violett und Gelb-Grün heraus, während von Farben im Blaubereich eine besonders angenehme und beruhigende Wirkung ausgeht.

Eine weitere Überprüfung der Daten zeigte, daß das Farberleben älterer Menschen von dem jüngerer abweicht, vor allem hinsichtlich dessen, was sie als angenehm erleben. Auch alte Menschen empfinden zunehmende *Farbstärke* als erregender, zunehmende *Helligkeit* als weniger mächtig, aber sie bevorzugen, anders als jüngere Menschen, deutlich helle Farben sowie sanfte Brauntöne, also Farben, die in ihrer Gefühlswirkung freundliche Ruhe und Zartheit vermitteln.

Bei den Vorschlägen für die farbliche Gestaltung der Wohnwelt älterer Menschen waren die folgenden Gesichtspunkte maßgebend:

- Farben sollen das Wohlbefinden fördern, es waren daher solche auszuwählen, die als angenehm erlebt werden.
- Farben sollten die Gefühlslage, die sich aus der Lebenssituation, der jeweiligen Phase des Tagesablaufs ergeben, in positivem Sinne aufgreifen und unterstützen (zum Beispiel Geborgenheit, Offenheit, Geselligkeit, Angeregtheit).
- Farben sollen die Orientierung im Raum erleichtern und damit ein Element der Sicherheit darstellen.

Eine Übersicht der Testmethodik und detaillierte Ergebnisse sind in einem Forschungsbericht *„Zur Psychologie des Farberlebens älterer Menschen als Grundlage der farblichen Gestaltung ihres Wohnumfelds"* von Diether Höger (Bielefeld 1980) zusammengefaßt.

Psychologische Grundlagenforschung zum Farberleben ermöglicht es, Vorhersagen über die Gefühlswirkung farblich gestalteter Räume zu treffen beziehungsweise Vorschläge zu einer Farbgestaltung von Gebäuden zu machen, die ein möglichst großes Ausmaß an Wohlbefinden fördert. Unter strengen wissenschaftlichen Gesichtspunkten haben solche Vorhersagen jedoch erst dann Gültigkeit, wenn sie ihre Bewährungsprobe in der realen Anwendung bestanden haben.

In der empirischen Forschungsarbeit „*Farbliche Gestaltungskonzeptionen für stationäre Altenhilfeeinrichtungen. Grundlagen für die Planung*" (unveröffentlichte Dissertation der Fakultät Architektur und Stadtplanung der Universität Stuttgart, 1989) hat Ingrid Räke die praktische Anwendung der oben im Abschnitt *Ergebnisse* kurz charakterisierten Erkenntnisse und Empfehlungen überprüft. In ihrer Untersuchung hat sie zwei Typen von Einrichtungen der Altenhilfe unterschieden:

A. Einrichtungen, die ohne Berücksichtigung farbpsychologischer Ergebnisse unter ästhetischen Aspekten durch die Architekten gestaltet worden waren (*Heimtyp A*),

B. Einrichtungen, die ausdrücklich und gezielt nach den in den vorhergehenden Abschnitten dargestellten farbpsychologischen Gesichtspunkten gestaltet worden waren (*Heimtyp B*).

Die Frage war, ob und in welchem Maße sich durch das Verwerten von Wissen über die Beziehungen zwischen Farben und Gefühlserlebnissen tatsächlich der Eindruck des Wohlbefindens in einer Wohnumwelt steigern läßt. Dabei interessierte hier auch in besonderem Maße, wie sich die im *Heimtyp B* angestrebte Berücksichtigung der Vorliebe älterer Menschen für hellere, weniger mächtig wirkende Farben auswirkt.

Einer Stichprobe von N = 58 älteren Menschen zwischen 70 und 80 Jahren (33 weiblich, 25 männlich), die auf ihre Farbtüchtigkeit überprüft sowie nach Bildung, Alter und Wohnsituation (in Privatwohnungen, Altenheimen, Altenwohnheimen und Pflegeheimen lebend) sorgfältig ausbalanciert worden war, wurde eine Reihe von Diapositiven aus jeweils drei Einrichtungen vom *Heimtyp A und B* zur Beurteilung vorgelegt. Die Dias zeigten in jeweils gleichartigen Raumausschnitten den Eingang, Flur, Aufenthaltsbereich im Flur,

Aufenthaltsraum, Speisesaal sowie Therapiebereich der Einrichtungen (die genauen Spezifikationen der Farbgebung sind in der Originalarbeit dokumentiert). Die Beurteilung der Dias durch die Versuchspersonen erfolgte anhand von mehreren Skalen, die mit Paaren einander entgegengesetzter Begriffe gekennzeichnet waren und von – 3 bis + 3 reichten. Nach

Abbildung 1
Eindrucksurteile zum Eingangsbereich
Vergleich der beiden Heimtypen – Mittelwerte der Einstufungen auf den Erlebnisskalen

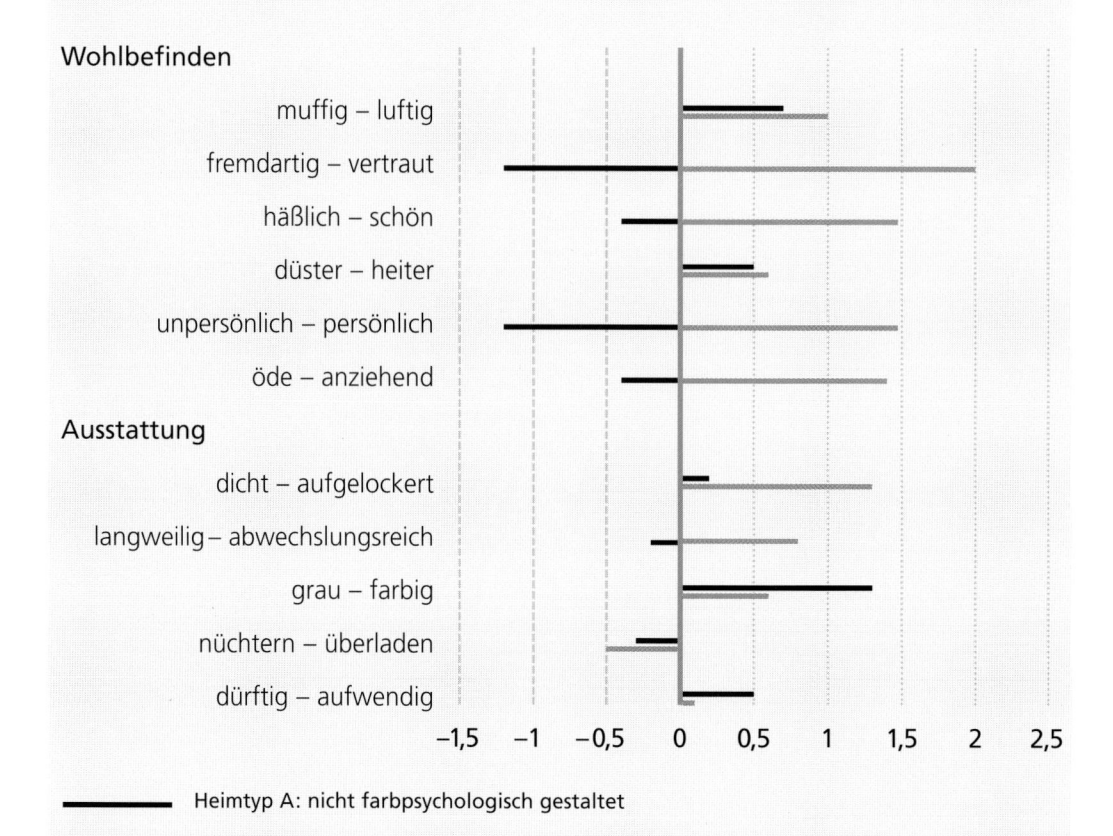

Wohlbefinden
- muffig – luftig
- fremdartig – vertraut
- häßlich – schön
- düster – heiter
- unpersönlich – persönlich
- öde – anziehend

Ausstattung
- dicht – aufgelockert
- langweilig – abwechslungsreich
- grau – farbig
- nüchtern – überladen
- dürftig – aufwendig

——— Heimtyp A: nicht farbpsychologisch gestaltet
——— Heimtyp B: nach farbpsychologischen Aspekten gestaltet

Quelle: Räke (1989)

den Ergebnissen einer statistischen Überprüfung (Faktorenanalyse) kennzeichneten einige dieser Begriffspaare den Aspekt *Wohlbefinden (muffig – luftig, fremdartig – vertraut, häßlich – schön, düster – heiter, unpersönlich – persönlich, öde – anziehend)*, einige den Aspekt *Ausstattung (dicht – aufgelockert, langweilig – abwechslungsreich, grau – farbig, nüchtern – überladen, dürftig – aufwendig)*.

Abbildung 1 stellt die Beurteilungsergebnisse für den Eingangsbereich der Einrichtungen dar. Es fällt unmittelbar auf, daß der *Heimtyp B* bei den Skalen, die den Aspekt *Wohlbefinden* kennzeichnen, durchweg im positiven Bereich liegt, während dies bei *Heimtyp A* nur für die Eindrücke *luftig* und *heiter* der Fall ist (dort bestehen zwischen den beiden Heimtypen auch nur unbedeutende Unterschiede). Hingegen hebt sich der *Heimtyp B* bei den vier übrigen Begriffspaaren des Aspekts *Wohlbefinden* vom *Heimtyp A* nicht nur in einem Ausmaß ab, das deutlich jenseits der üblichen statistischen Zufallstoleranz von 1 Prozent liegt. *Heimtyp A* liegt hier mehr oder weniger markant im negativen Bereich und vermittelt insbesondere eher den Eindruck *fremdartig* und *unpersönlich*. Verglichen damit wirkt *Heimtyp B* deutlich *vertraut*, *schön*, *persönlich* und *anziehend*.

Die Bedeutung einer speziell farbpsychologisch begründeten Farbwahl wird besonders sichtbar, wenn man hier den Aspekt *Ausstattung* mit heranzieht (vgl. den unteren Teil von Abbildung 1). Dort ist das Bild uneinheitlich, ein Vorteil eines der beiden Heimtypen läßt sich jetzt nicht mehr feststellen. Dies deutet bereits darauf hin, daß es nicht das reine Ausmaß, das Mehr oder Weniger an *Ausstattung* als solches sein kann, welches das größere Wohlbefinden bedingt. Besonders interessant ist in diesem Zusammenhang das Ergebnis bei dem Begriffspaar *grau – farbig*, denn hier zeigt sich, daß *Heimtyp B*, der ja mehr Wohlbefinden vermittelt, nicht etwa mehr, sondern eher weniger *farbig* wirkt als *Heimtyp A*. Entscheidend ist also nicht die mehr oder weniger große *Farbigkeit* bei der Gestaltung, sondern die aufgrund des Wissens über farbpsychologische Zusammenhänge und über die Psychologie älterer Menschen begründete Wahl der spezifischen Farbnuancen und deren Zusammenstellung.

Dem Aspekt *Wohlbefinden* kommt für die Wohnqualität bei älteren Menschen eine besondere Bedeutung zu. Daher wurden die Werte der diesem Aspekt zugehörenden Begriffspaare zu einem gemeinsamen Mittelwert zusammengefaßt. Abbildung 2 zeigt die Ergebnisse für alle untersuchten Wohnbereiche. Es zeigt sich, daß die Werte für *Heimtyp A* fast durchweg im Mittelbereich um Null liegen (für den Flur ergibt sich sogar ein negativer Wert). Demgegenüber sind die Werte der nach farbpsychologischen Gesichtspunkten gestalteten Heime von *Typ B* durchweg positiv, größtenteils sogar recht markant. Die Unterschiede zwischen den beiden Heimtypen liegen wiederum deutlich jenseits der statistischen Zufallstoleranz. Damit kann die Überlegenheit von *Heimtyp B* in allen untersuchten Bereichen als belegt gelten und damit auch die Gültigkeit der farbpsychologischen Vorhersagen in der praktischen Anwendung.

Abbildung 2

Eindruck des Wohlbefindens

Vergleich der beiden Heimtypen – Mittelwerte für die verschiedenen Wohnbereiche

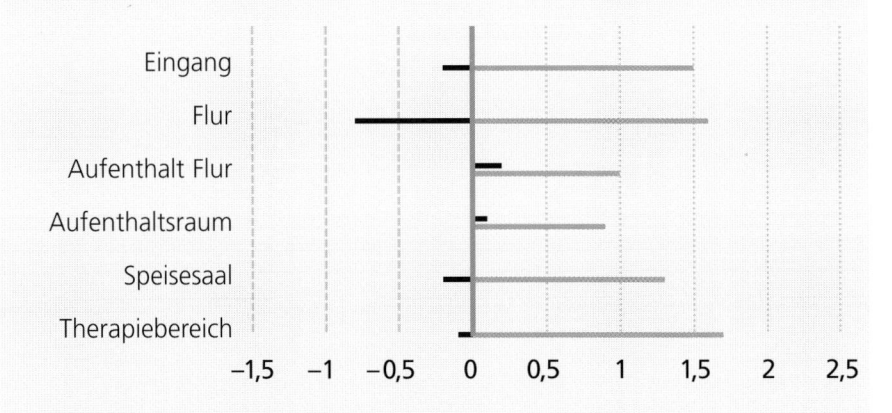

― Heimtyp A: nicht farbpsychologisch gestaltet
― Heimtyp B: nach farbpsychologischen Aspekten gestaltet

Quelle: Räke (1989)

Helle Anstriche, heller Naturstein, helles Holz (überwiegend Buche) verbinden sich – Türkis betonend – mit sparsam eingestreuten Farbpointen zu einem modernen Flair, das auch auf die Wohnvorstellung „kommender Generationen" abhebt. Transparent und dennoch kompakt fügt sich das der Hanglage angepaßte Gebäude zugleich in die Umgebung ein und hebt sich daraus hervor.

Projekt: Seniorenzentrum Inge-Gabert-Haus, Miesbach
Bauherr: Arbeiterwohlfahrt Bezirksverband Oberbayern e. V., München
Architekt: Wolfgang Schinharl, München
Projekt-Team: Leonhard Höß, Joachim Staudinger,
Martin Johannsen (Objektleitung und Baubetreuung)
Foto: © Emil Ellenrieder, München, 1997

Die freizügige Öffnung des dreigliedrigen Gebäudes zur Südseite hin erlaubt die Verwendung von intensiven Volltonfarben auch für größere Wandflächen.
In Kombination mit hellen Decken und mittelhellen Böden sowie mit dem blauen Bezug und naturfarben belassenen Holz des Mobiliars wird auf den Fluren eine gelassen elegante, zugleich auch klare anregende Atmosphäre erzeugt.

Projekt: Altenpflegeheim St. Franziskus in Löningen
Bauherr: Stiftung St. Franziskus in Löningen
Architekten: Gruppe MDK, Köln · Molestina, Kraus, Höyng, Nettels
Projekt-Team: Pablo Molestina, Michael Kraus, Martina Wziontek, Holger Weber
Foto: © Christian Richters, Münster, 1996

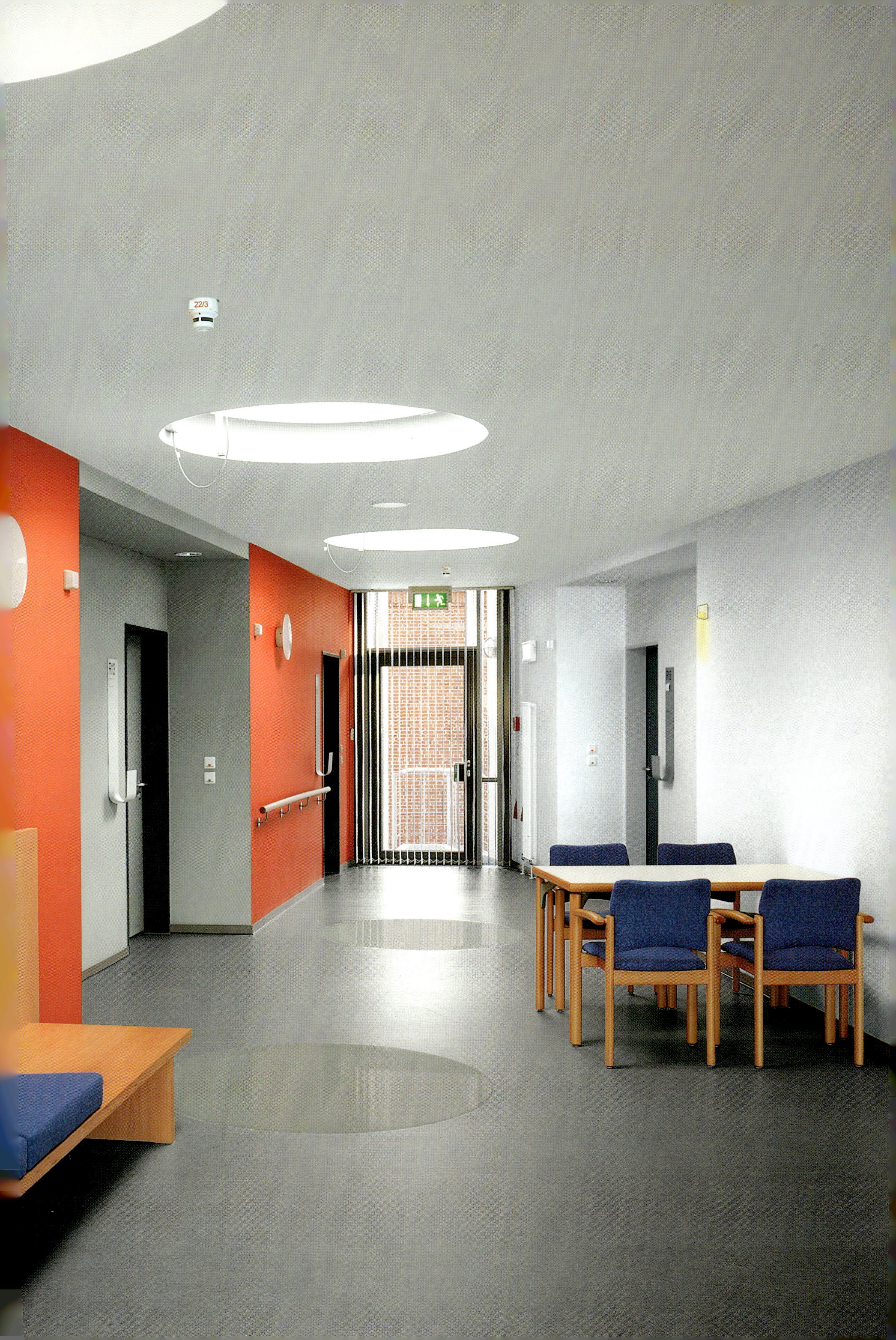

22/3

*Projekt: Neue Erweiterung des Dorfes (Nord-West-Teil) des
Theodor Fliedner Werkes in Mülheim-Selbek
Bauherr: Stiftung Theodor Fliedner Werk in Mülheim an der Ruhr
Architekten: Rob Krier und Christoph Kohl, Wien
Projekt-Team: Stefan Becker, Steve Bidwell, Marina Maggio, Funda Rassad,
Latif Rassad, Kornelia Rhomberg, Angelo Roventa
Foto: © Tomas Riehle/Contur, Köln, 1993*

Flankiert von ein- und zweigeschossigen Satteldach-Häuschen mit individuell ausgearbeiteten Dekor-Fassaden und rückseitig angefügtem Pflegegang, führt der beschauliche Gehweg auf einen Dorfplatz zu. Oase oder Disneyland? Die unbekümmert bunte Farbgestaltung gefällt oder provoziert. Und: sie regt an zur Auseinandersetzung mit dem Thema Farbe und Architektur, auch im Sektor Heim- und Wohnungsbau für ältere Menschen.

Herausgeber: Kuratorium Deutsche Altershilfe e.V., An der Pauluskirche 3, 50677 Köln
Telefon 0221 931847-0, Fax 0221 931847-6
Internet: http://www.kda.de, E-Mail: architecture@kda.de

Förderung: Das Projekt *Farbgestaltung in stationären Pflegeeinrichtungen* mit dem Ziel
einer vollständigen Überarbeitung der KDA-Handanweisung *Anregung zur farblichen
Gestaltung von Wohn- und Pflegeheimen für ältere Menschen* wurde gefördert durch das
Bundesministerium für Arbeit und Sozialordnung

Projektleitung: Hans-Peter Winter, Klaus Großjohann, Kuratorium Deutsche Altershilfe

Produktion und Herstellung: Print Media Design Fischer, Köln

Bild- und Textredaktion: Peter Haß, Journalist in Köln

Wissenschaftliche Beratung: Prof. Dr. Diether Höger, Universität Bielefeld
Farbenplanung: Hermann Janiesch, Rinteln
Farbcodierung: nach Natural Colour System® NCS Edition 2 · © mit Genehmigung des Lizenzeigentümers
Skandinavisches Farbinstitut AB; NCS Originalfarbmuster bei NCS Colour Centre GmbH, Berlin
www.NCScolour.com · Druck der Farben im Farbfächer in Euroscala nach NCS-Dateien

Typografie, Gestaltung, Lithografie und Farbdruckberatung: Karsten Brandt, Bernd Fischer,
Reichow Hagemann, Ulrich Scherer · Seiten 28/29: Peter Mortazavi · Titel: Brigitte Jumpertz
Schrift: Frutiger in den Schnitten Light mit kursiv, Roman mit kursiv und Bold von Adrian Frutiger
Papier: Schneidersöhne LuxoSatin

Druck: kölnermedienfabrik kmf AG, Köln
Buchbinderische Fertigung: Horst Reissig, Köln
Farbfächer-Fertigung: Horst Reissig, Köln

Architekturbüros: Haase, Peine (S.13) · Feddersen, von Herder & Partner, Berlin (14)
Gruppe MDK, Köln (1, 4, 44) · HPP Hentrich-Petschnigg & Partner, Stuttgart (12, 32, 34)
Job, Braunschweig (20, 22) · Krier und Kohl, Wien (46) · Nickl & Partner, München (2,16)
Schinharl, München (17, 23 r., 43) · Schweitzer + Partner, Braunschweig (11)
Wabnitz, München (6, 7, 8) · Waechter, Mühltal-Trautheim (10)

Fotografen und Copyright: Ellenrieder, München (S.17, 23 r., 43) · Gruber, Darmstadt (10)
Haase, Peine (13) · Hanisch, Mettmann (12, 32, 34) · Haß, Köln (23 l.) · Job, München (20, 22)
Leistner/Architekton, Mainz (2,16) · Richters, Münster (1, 4, 44) · Riehle/Contur, Köln (14, 46)
Wellner, Braunschweig (11) · Wimmer/Archiv Wabnitz, München (6, 8, 9)

Projekte: Alten- und Servicezentrum in Eching (S. 6, 8, 9) · Altenpflegeheim Malchow (11)
Altenpflegeheim Malteserstift St. Monika in Kamenz (20, 22)
Altenpflegeheim St. Elisabeth in Offenbach (10)
Altenpflegeheim St. Franziskus in Löningen (4, 44)
Altenwohnhaus St. Anna in Dinklage (1) · Altersheim Ohof (13)
Caritas Heim am Martinshof in Mönchengladbach-Rheydt (23 l.)
Dorferweiterung (Nord-West-Teil) des Theodor Fliedner Werkes in Mülheim-Selbek (46)
Dorferweiterung (Süd-West-Teil) des Theodor Fliedner Werkes in Mülheim-Selbek (14)
Nikolaus-Stift in Wesel (12, 32, 34) · Seniorenzentrum in Beilngries (2, 16)
Seniorenzentrum Inge-Gabert-Haus in Miesbach (17, 23 r., 43)

Alle Rechte inklusive fotomechanischer Wiedergabe und Digitalisierung sowie Übersetzung vorbehalten
© KDA 2002 · 2., neu bearbeitete Auflage

ISBN 3-935299-30-3